AF602896

LE MARÉCHAL DAVOUT

DUC D'AUERSTAEDT ET PRINCE D'ECKMUHL

(1770-1823)

PAR

MARCEL POULLIN

PARIS
LIBRAIRIE BLOUD ET BARRAL
4, RUE MADAME, ET RUE DE RENNES, 59

LE MARÉCHAL DAVOUT

Ln 27

150
86

LE

MARÉCHAL DAVOUT

DUC D'AUERSTAEDT ET PRINCE D'ECKMUHL

(1770-1823)

PAR

MARCEL POULLIN

PARIS

LIBRAIRIE BLOUD ET BARRAL

4, RUE MADAME, ET RUE DE RENNES, 59

LE MARÉCHAL DAVOUT

DUC D'AUERSTAEDT ET PRINCE D'ECKMÜHL

(1770-1823)

Le maréchal Davout fut, sans contredit, l'une des plus grandes figures de l'époque impériale ; de tous les lieutenants de Napoléon, il fut incontestablement celui qui réunissait le mieux en lui, dans de justes proportions, les qualités maîtresses de l'homme de guerre. Général habile, vaillant soldat, administrateur remarquable et, par-dessus tout, homme profondément honnête, Davout revêt un cachet tout particulier au milieu de ce brillant état-major de généraux, tous plus célèbres les uns que les autres, qui s'appellent Ney, Masséna, Murat, Berthier, Macdonald, etc. Bien que sa carrière eût été, pour le moins, aussi glorieuse que celle de ses compagnons d'armes, il est moins connu du public, son nom est moins populaire. Et cependant, combien le vainqueur d'Auërstaedt est supérieur, à tous les points de vue, à la plupart d'entre eux! Combien, par l'ensemble des qualités morales qui le distinguaient comme homme et des vertus militaires qui le caractérisaient comme chef, il mérite une place toute spéciale dans l'histoire militaire de ces époques, à la fois si grandes et si singulières!

Ces qualités, qui font de lui un caractère à part dans le monde impérial, Davout les devait en grande partie aux dignes précepteurs qui avaient guidé ses premiers pas dans la vie, à ces savants et modestes Bénédictins qui ont su conserver d'âge en âge le dépôt sacré de la science, et dont le nom est encore aujourd'hui, dans notre société anti-chrétienne, synonyme de patience et de travail.

Davout fit en effet ses premières études au Collège royal d'Auxerre, fondé aux siècles précédents par le savant évêque Amyot, devenu, en 1777, école militaire secondaire dirigée par les Bénédictins de Saint-Maur, et dont le vénérable dom Laporte, dont nous aurons souvent à retracer le nom en racontant la vie de Davout, était alors sous-principal.

Cela ne laisse point que d'étonner quelque peu les sceptiques de notre société moderne, de voir des prêtres, des religieux, chargés de la direction d'une école militaire. Cependant, il en était ainsi, aux temps passés, par toute la France; et, pour n'en citer que deux, les élèves de ces écoles, de ces moines, se sont appelés des Napoléon et des Davout.

Il y avait alors en France douze écoles militaires, toutes dirigées par des professeurs ecclésiastiques; les unes, comme Auxerre, Beaumont, Dôle, Pont-Levoy, Sorèze et Rebais, par des Bénédictins; les autres, comme Vendôme, par des Oratoriens; d'autres, enfin, comme Brienne, où fut élevé Napoléon, par des Minimes.

A Auxerre, le jeune Davout s'attacha de préférence au vénérable dom Laporte, lequel, de son côté, conçut bientôt un profond attachement pour cet enfant qui se faisait déjà remarquer « par la maturité précoce de son jugement et par l'énergie puissante de son caractère. » Sous la direction du vénérable prêtre, il fit en peu de temps des progrès sensibles dans les mathématiques, vers lesquelles son esprit positif le poussait particulièrement.

En 1785, Davout, qui avait alors quinze ans — il était né le 10 mai 1770 à Annoux (Yonne), — entra, comme cadet gentilhomme, à l'Ecole militaire de Paris, au moment même où venait d'en sortir le jeune Bonaparte, en qualité de sous-lieutenant d'artillerie.

A Paris encore, le jeune gentilhomme (ses parents descendaient d'une très noble et très ancienne famille du duché de Bourgogne, bien déchue alors de son antique splendeur) eut le bonheur de rencontrer un excellent ecclésiastique, l'abbé Lesguillon, professeur à l'Ecole militaire, qui sut discerner chez lui, malgré sa rudesse apparente, les fortes qualités dont le digne dom Laporte avait déjà développé le germe, à Auxerre. Sous sa direction, Davout continua donc ses études, et moins de trois ans après, le 2 février 1788, il était nommé sous-lieutenant au régiment de Champagne-Cavalerie qui tenait alors garnison à Hesdin.

« Comme il était presque pauvre, nous dit un de ses biographes, le Roi (1) lui fit don d'un cheval, et plus tard, malgré ses idées avancées, le jeune Davout conserva toujours une vive reconnaissance de ce bienfait. »

Au régiment, Davout continua la vie laborieuse qu'il avait menée jusqu'alors à l'Ecole : l'étude fut sa seule distraction; aussi, son oncle, major dans le régiment, disait-il de lui à ses camarades : « Mon neveu Davout ne fera jamais rien, il ne sera jamais un militaire. Au lieu de travailler sa théorie, il s'occupe de Montaigne, de Rousseau et des autres philosophes ! »

La Révolution arriva. Davout s'enthousiasma vite pour les idées nouvelles, et ses opinions exaltées le firent mettre en disponibilité au mois de juillet 1790, avec ordre de rentrer dans ses foyers.

L'année suivante, au moment où se formaient les bataillons de volontaires levés sur toute l'étendue du territoire français, Davout fut

(1) Louis XVI.

nommé, par ses concitoyens, lieutenant-colonel du 3e bataillon de l'Yonne et partit pour l'armée du Nord, où il se distingua à la bataille de Nerwinde (1), puis au camp de Louvain, ce qui lui valut le grade d'adjudant-général, chef de brigade.

A cette époque, l'armée, éloignée du spectacle dissolvant de l'intérieur, présentait un tableau bien fait pour former une âme aussi fortement trempée que celle de Davout. Sans vêtements, sans vivres, sans solde, les soldats marchaient à l'ennemi, conduits par des généraux de vingt-cinq ans qui s'appelaient Hoche, Marceau, Ambert, etc.

L'officier n'était guère plus heureux que le soldat; comme lui il marchait sac au dos, sans chaussures parfois; comme lui, il bivouaquait dans la neige ou dans la boue, avec son sac pour oreiller; comme lui, il mangeait le pain grossier de la campagne, quand il y en avait! C'est dans ces circonstances que l'officier apprend à connaître le soldat, et que le soldat apprend à juger l'officier; là est la véritable école du métier des armes, dont la devise doit être : abnégation et sacrifice. Davout fut élevé à cette école, et, arrivé au sommet des grandeurs et des honneurs militaires, il eut sur tant d'autres le rare avantage de n'en jamais oublier les dures et salutaires leçons.

(1) Nerwinde, village de Belgique. Victoire du prince de Cobourg sur Dumouriez, 18 mars 1793.

Le 25 juillet 1793, il fut nommé général de brigade. Il était alors fermement attaché aux idées du jour. Républicain convaincu, il croit à l'honnêteté du principe ; pour lui républicain est synonyme d'honnête homme. « Je me rendrais caution de la loyauté de Custine, écrit-il au Directoire du département de l'Yonne, avec lequel il entretient une correspondance suivie ; je le crois républicain. » Et ailleurs : « Le bataillon est républicain, brave, intrépide au feu. »

Pour lui, ainsi que pour le général Foy, « ce qu'il voulait de la République, c'était moins le nom que les vertus. » Malgré son exaltation politique, il ne vit jamais qu'avec un profond dégoût les scènes de violence et d'horreur qui ont déshonoré à jamais les hommes de la Terreur et leurs satellites.

En 1792, à Dormans, dans la Marne, où il était de passage avec son bataillon, il sauva, au péril de sa vie, les jours de sept personnes, parmi lesquelles se trouvait l'ancien évêque de Mende, M. de Castellane. Il faut voir avec quelle modestie Davout raconte ce fait, dans une de ses lettres au Directoire de son département.

«... Nous avons éprouvé une émeute qui a manqué être funeste à bien du monde. Voici le fait en peu de mots : Sept particuliers ont été arrêtés, au nombre desquels M. de Castellane, ci-devant évêque de Mende, décrété d'accusation par l'Assemblée nationale. Pendant l'intervalle que le département prévenait l'assemblée du peuple, des soldats de troupe de ligne surtout, et avec eux quelques volontaires séduits, se sont assemblés sous les fenêtres de l'auberge où étaient détenus les sept particuliers, en criant qu'il fallait les mettre à la lanterne. Les officiers des trois compagnies se sont assemblés, ayant les deux chefs à leur tête (chaque bataillon de volontaires était commandé par deux lieutenants-colonels) et se sont bien proposé de faire face à l'orage. Cependant les cris, les menaces, les motions les plus affreuses se succédaient; des fusils étaient chargés; l'on nous couchait en joue; nous sommes demeurés fermes à notre poste; nous avons déclaré qu'il fallait commencer par nous assassiner, avant de commettre d'autres *crimes;* nous avons harangué; la municipalité ne s'est même point assemblée. Enfin, au bout de trois heures, le calme s'est rétabli... nous sommes très disposés, à notre arrivée à Verdun, à faire livrer à la cour martiale les auteurs de toutes ces atrocités. »

On le voit, si Davout était républicain, il était loin de l'être à la manière des tyrans d'alors. Il ne tarda guère du reste à revenir de ses erreurs révolutionnaires.

Le 29 août 1793, la Convention décrétait qu'aucun noble ne pourrait, à l'avenir, servir dans les armées de la République. Davout fut donc obligé de donner sa démission. Il rentra en France où le spectacle sanglant qui s'offrit à ses yeux le dégoûta pour jamais du régime odieux qui tenait alors le pays entier sous le couperet de la guillotine. « Sa grande âme se révolta. Cet homme, qui, depuis quatre années, voyait tous les jours la mort de près, ne put supporter le spectacle de ces horreurs à froid. »

Chez lui, Davout, à peine arrivé, assiste à l'arrestation de sa mère, qu'il accompagne dans la prison d'Auxerre, où pendant plusieurs mois il lui prodigue les marques de la piété filiale la plus tendre, lui rendant ainsi moins pénibles les longues heures de la captivité. Enfin la chute de Robespierre (1) le rend à la liberté.

En 1794, Davout est remis en activité et employé au siège de Luxembourg, sous les ordres du général Ambert. Là, il se distingue par une conduite héroïque qui contribue puissamment à amener la reddition de la place et qui lui vaut le grade de général de division. Davout le refuse, comme il l'avait déjà fait une première fois.

Il part ensuite pour l'armée du Rhin où il sert sous Pichegru, et à la capitulation de Manheim (2) il tombe au pouvoir de l'ennemi. Le jeune général dut alors sa délivrance à une circonstance singulière qui prouve une fois de plus la fermeté de son caractère. La place de Landau venait d'être prise par les troupes ennemies; un jeune officier autrichien vient l'apprendre au général prisonnier avec une grande inconvenance. Da-

(1) 9 thermidor an II (27 juillet 1794).

(2) Manheim (grand-duché de Bade), prise par les Français en 1795.

vout répond par un sourire d'incrédulité. L'officier insiste et ajoute quelques allusions blessantes à la situation du général. « Tout arrive à la guerre, réplique Davout ; mais, ce qu'il y a d'impossible, c'est que la place se soit rendue à des gens qui ne savent pas respecter les chances de notre état. » Le général en chef autrichien, Wurmser, informé du fait, punit le jeune et inconvenant officier et renvoya Davout sur parole. en lui témoignant les marques de la plus grande estime.

Davout rentra dans son pays natal et profita des loisirs que lui laissait sa situation pour se livrer à de sérieuses études d'histoire et surtout d'histoire militaire. Polybe, Végèce, Xénophon devinrent ses compagnons favoris pendant une année que dura sa captivité sur parole.

Ayant été échangé il fut envoyé de nouveau à l'armée du Rhin, où, sous les ordres de Moreau, il se distingua dans plusieurs combats. Il attira bientôt l'attention de Desaix et dès lors une grande intimité unit ces deux hommes qui se ressemblaient sur plus d'un point ; aussi, quand arriva l'expédition d'Egypte, Desaix obtint-il du premier Consul que Davout fît partie de l'expédition.

Arrivé sur la terre des Pharaons, Davout fut chargé de remonter en chevaux la cavalerie et l'artillerie du corps expéditionnaire, puis envoyé dans la haute Egypte à la tête d'un millier de cavaliers : il battit les Arabes à Samahhout, à

Thèbes, à Redegé et à Denchadi. Davout fut le meilleur auxiliaire de Desaix dans l'œuvre de pacification de l'Egypte à laquelle ce général, que les Arabes appelaient « le sultan juste », a attaché son nom.

Rappelé dans la basse Egypte, Davout se couvrit de gloire à la bataille d'Aboukir (1). Et, quand Bonaparte eut quitté l'Egypte pour rentrer en France, quand après son départ l'abandon de cette belle conquête fut décidé, quand un conseil de guerre fut réuni pour délibérer sur les propositions de capitulation faites par les Anglais, Davout seul résista à cette idée. « Il ne craignit pas, dit M. Thiers, de tenir tête à Kléber, dont tout le monde subissait l'ascendant, et combattit avec énergie le projet de capitulation. »

Lorsque la convention d'El-Arisch (2) fut signée, Kléber voulut conserver Davout avec lui et lui offrit le grade de général de division. Il refusa ce grade pour la troisième fois et rentra en France avec Desaix.

Le retour des deux généraux fut salué avec enthousiasme et le *Moniteur*, organe officiel du gouvernement, écrivait alors sous l'inspiration du premier Consul : « Les généraux Desaix et Davout sont arrivés à Toulon ; ces deux géné-

(1) Aboukir, bourgade de la basse Egypte. Victoire de Bonaparte sur les Turcs, 1799.

(2) El-Arisch, fort de la basse Egypte pris par les Français en 1799 ; en 1800 ils y signèrent la capitulation par laquelle l'Egypte dut être évacuée.

raux ont soutenu en Egypte la réputation qu'ils s'étaient acquise dans les campagnes de Hollande et sur le Rhin. Nos armées reverront bientôt avec joie, au nombre de ceux qui les guident à la victoire, ces hommes qui ne sont connus que par un beau caractère, des vues toujours élevées et l'éclat des succès ; qui, supérieurs à toutes les intrigues comme étrangers à tous les partis, ont constamment honoré le nom de Français, aux yeux mêmes des ennemis de la République. »

Le 3 juillet suivant Davout fut nommé général de division et chargé du commandement en chef de la cavalerie à l'armée d'Italie, alors sous les ordres de Brune. Il se distingua à Molino et au passage du Mincio (1), puis fut rappelé en France au mois de juin 1801 par le premier Consul qui le nomma inspecteur général de la cavalerie et. ensuite, commandant de la garde consulaire. Ce fut à cette époque qu'il épousa la sœur du général Leclerc, beau-frère de Bonaparte.

Cependant le premier Consul, ayant formé le projet d'une descente en Angleterre, avait réuni sur les côtes de la Manche une armée dite armée d'Angleterre, bien qu'elle ne dût jamais être appelée à franchir le Pas-de-Calais. Davout reçut le commandement du 3e corps, formé des trois fameuses divisions qui sous le nom de leurs

(1) Le Mincio, rivière de l'Italie septentrionale, entre la Vénétie et la Lombardie. Le général Brune en força le passage le 25 décembre 1800.

valeureux chefs, Morand, Gudin et Friant, devaient acquérir par la suite un renom à jamais célèbre.

Au camp de Bruges, où il avait son quartier-général, le commandant du 3e corps se consacra à l'instruction militaire des troupes placées sous ses ordres et s'ingénia à leur assurer tout le bien-être qu'il put. Il alla même jusqu'à payer, de ses propres deniers, un achat de 34.000 francs de sabots et de chaussons nécessaires à ses troupes, qu'il avait en vain réclamés au ministre de la guerre.

En 1804, quand le vainqueur de Rivoli, d'Arcole et de Marengo eut échangé le titre trop démocratique de premier Consul contre celui plus aristocratique d'Empereur, et qu'il voulut constituer, à l'instar des grands rois sur le trône desquels il venait de s'asseoir, une cour brillante et titrée, Davout reçut le bâton de maréchal et, l'année suivante, le grand cordon de la Légion d'honneur. Il vint alors à Paris recevoir l'investiture de ces hautes dignités.

A cette époque se place un épisode de la vie de Davout qui l'honore au plus haut point. Ayant été nommé président des élections du département de l'Yonne, le maréchal profita de son séjour à Auxerre pour s'enquérir de la situation de la modeste école où il avait fait ses premières études. Pendant la tourmente révolutionnaire la maison d'Amyot avait naturellement été fermée; l'école militaire, transportée dans l'abbaye de

Saint-Germain d'Auxerre, avait pris successivement le nom d'école centrale, d'école secondaire ; quant aux dignes Bénédictins qui professaient avant la Révolution à l'école, ils s'étaient dispersés un peu partout devant la fureur aveugle des puissants d'alors. Le vénérable dom Laporte était réfugié dans un petit hameau des environs d'Auxerre, où il exerçait en secret son pieux ministère.

« Davout, dit M. Joly, l'un de ses biographes, recueillit avidement tous ces détails, et alors ce fut un touchant spectacle. Ce fier et rude soldat qui venait de guerroyer en Allemagne, en Egypte, en Italie, ce général des grenadiers de la garde, qui depuis près de dix-huit années vivait « le ceinturon bouclé, l'épaulette noircie par la poudre », cet homme de trente-cinq ans à peine, c'est-à-dire dans toute la force de la jeunesse, à cet âge où le victorieux est si disposé à ne plus reconnaître et n'adorer d'autre Dieu que la force, cet homme, de sa main guerrière, rouvrit les portes de cette demeure où il avait reçu les premières notions de la science, de cet asile consacré à l'étude, au calme et à la méditation ; il alla prendre par la main ce vénérable prêtre Laporte et il lui confia la direction de ce collège restauré..... Ainsi à Amyot succédait Davout, le guerrier au pieux et savant évêque. »

Le même historien nous donne des détails touchants sur l'entrevue de Davout et de son ancien professeur à cette occasion.

Le maréchal qui était logé à la Préfecture ayant résolu de rouvrir l'ancien collège militaire, « Dom Laporte fut aussitôt mandé; il arriva en toute hâte et trouva le maréchal dans le salon de M. de la Bergerie (le préfet), et entouré d'une nombreuse assistance. Tout d'abord, on fit peu d'attention au pauvre bénédictin dont le costume était aussi modeste que l'attitude ; mais bientôt le maréchal, apercevant son ancien maître, s'élança dans ses bras et lui exprima toute la joie qu'il éprouvait de le revoir. Dès lors, la scène changea et dom Laporte, si dédaigné d'abord, devint soudain, grâce à l'accueil du maréchal, l'objet des plus gracieuses prévenances. »

Les gens du salon de M. de la Bergerie n'étaient point autrement élevés que le plus grand nombre de ceux qui forment l'entourage des puissants du moment, quelle que soit l'époque à laquelle on se place. Le vénérable bénédictin d'Auxerre put s'apercevoir une fois de plus, ce jour-là, que « l'amitié d'un grand homme est un bienfait des dieux. »

L'année suivante, Davout, étant venu de nouveau à Auxerre, fit don à l'église Saint-Etienne de cette ville de divers ornements sacrés d'une grande valeur, qui servent encore aujourd'hui dans les occasions solennelles.

Nous laisserons le nouveau maréchal retourner à son camp de Bruges, protéger la sortie de la flottille de l'amiral Verhuel du port de Dunkerque et faire preuve, en cette circonstance d'une intrépidité remarquable à laquelle le marin hollandais se plut à rendre, par deux fois, le plus éclatant hommage, pour arriver à cette campagne de 1805 qui devait procurer à Davout l'occasion de se signaler d'une façon si brillante.

Le 29 août 1805, le 3e corps reçoit l'ordre de former la gauche de la Grande-Armée. Le 23 septembre, après une marche de vingt-cinq jours, unique dans l'histoire par sa rapidité et par l'ordre et la discipline qui y président, Davout est sur le Rhin avec ses trois magnifiques divisions qui viennent de parcourir plus de 150 lieues, sans laisser derrière elles ni un malade ni un traînard. Le 3e corps prend part à la prise de l'armée autrichienne du général Mack, à Ulm, livre à Marienzel un brillant combat au corps du général de Merfeeld, auquel il prend 3 drapeaux, 16 caissons et fait 4.000 prisonniers ; puis, poursuivant ses succès, enlève en quelques jours à l'ennemi 191 pièces de canon et entre à Presbourg le 16 novembre, deux mois et demi à peine après son départ du camp de Bruges.

Cependant les Russes, ralliant les débris des armées autrichiennes à Austerlitz, s'apprêtent à tenir tête à Napoléon. Davout reçoit l'ordre de former la droite de l'armée ; il appelle à lui ses trois belles divisions. La division Gudin franchit en quelques heures les trente-six lieues qui la séparent de son chef. « Les soldats, dit M. Thiers, tombaient quelquefois sur la route, épuisés de fatigue ; mais au moindre bruit, croyant entendre le canon, ils se relevaient avec ardeur pour accourir au soutien de leurs camarades... »

Les hommes qui accomplissaient ces prodiges étaient, en partie du moins, ces mêmes bretons qui, deux ans auparavant, au camp de Bruges, avaient la nostalgie du pays; mais Davout les avait régénérés par son action puissante et bienveillante et, pour lui, ils faisaient l'impossible. Le 1er décembre 1805, au soir, la division Gudin campait à une lieue et demie d'Austerlitz (1).

Le lendemain, 2 décembre, le soleil d'Austerlitz, pour nous servir de la métaphore si souvent employée depuis, se levait sur les trois armées en présence; la bataille des « trois empereurs » s'engageait. Le 3e corps supporte à lui seul tout le poids d'une attaque furieuse sur la droite de l'armée; l'un des aides de camps de Davout, Maris, est blessé à ses côtés, le général Friant a quatre chevaux tués sous lui. Le maréchal est partout où sa présence est nécessaire; il défend à outrance ses positions jusqu'au moment où Napoléon intervenant avec ses réserves prend l'armée alliée entre deux feux et l'écrase.

Après la paix de Presbourg (2), le commandant

(1) Austerlitz est une petite ville de Moravie (empire d'Autriche).

(2) Presbourg, ville de Hongrie (47.000 hab.) sur le Danube. Un traité y fut conclu le 26 décembre 1805 entre Napoléon et l'empereur d'Autriche François II : il donnait au premier les États de terre-ferme de Venise avec Venise même, et à la Bavière une partie du Tyrol. Par un article secret. François II renonçait au titre d'empereur d'Allemagne.

du 3ᵉ corps rentre en France, mais son séjour y est de courte durée ; à peine a-t-il le temps de se rendre à Auxerre, où il est parrain d'une des cloches de la cathédrale, qu'une nouvelle guerre éclate avec la Prusse. L'armée française entre en campagne dans les premiers jours d'octobre 1806 ; deux armées prussiennes sous le commandement du duc de Brunswick (1) et du prince de Hohenlohe s'avancent contre elle sur la ligne de la Saâle. Le 12 octobre, à Naumbourg, Davout s'empare d'un immense convoi ennemi et le 14, à l'heure même où Napoléon livre la fameuse bataille d'Iéna à l'armée du prince de Hohenlohe, il remporte, à Auerstaëdt (2), sur les troupes du duc de Brunswick, une victoire éclatante, plus glorieuse encore que celle gagnée par l'Empereur.

Cette journée d'Auerstaëdt mérite d'être retracée à cette place, car elle est certainement une des plus belles que nous puissions inscrire sur nos drapeaux.

L'armée du duc de Brunswick, ayant avec elle le roi et les princes de Prusse, s'avançait de la ligne de la Saâle sur celle de l'Elbe. Davout en étant informé le 13 octobre, massa ses troupes sur les hauteurs qui dominent la Saâle, afin de s'opposer à la marche de l'armée ennemie ; puis

(1) Charles-Guillaume-Ferdinand, duc de Brunswick-Lunebourg, général au service de la Prusse, longtemps nommé *le prince héréditaire*, né en 1735, mortellement blessé d'un coup de feu près d'Auerstaëdt en 1806.

(2) Auerstaëdt, ville des Etats prussiens (Saxe).

il se rendit auprès de Bernadotte (1) que Napoléon avait chargé de lui prêter main-forte et, lui ayant exposé la situation, il lui offrit même de se placer sous ses ordres, s'il voulait joindre son corps d'armée au sien. Bernadotte, animé contre Davout d'une basse jalousie, refusa et s'éloigna avec son corps d'armée du point où sa présence était si nécessaire.

Davout résolut de faire face seul, avec ses 26.000 hommes, aux 70.000 Prussiens qui s'avançaient et de défendre à outrance le défilé de Koesen, par lequel le duc de Brunswick pouvait donner la main au prince de Hohenlohe pour unir ses efforts aux siens, le lendemain à Iéna, contre Napoléon.

Dès le matin du 14 octobre, l'avant-garde prussienne, sous les ordres de Blücher (2), s'avance vers le défilé et est repoussée avec pertes. Mais, bientôt le gros de l'armée entre en ligne, et ces

(1) Bernadotte, né à Pau en 1764, sergent-major en 1789 général de brigade en 1794, général de division peu de mois après ; se distingua aux armées du Rhin et de Sambre-et-Meuse, contribua puissamment aux victoires de Fleurus et de Juliers (1794), fit capituler Maestricht et prit Altdorf (1795) ; — ambassadeur en Autriche en 1798, ministre de la guerre l'année suivante ; maréchal et gouverneur du Hanovre en 1804 ; gouverneur des villes hanséatiques en 1808 ; — contribua puissamment à la victoire de Wagram, 1809 ; — élu le 20 août 1810 prince royal de Suède ; rompit avec Napoléon en 1812 et entra dans la coalition contre la France ; — reconnu roi de Suède à la mort de Charles XIII en 1818 ; — mort en 1844.

(2) Gebhard Lebrecht de Blücher (1742-1819), prince de Wahlstadt, général des armées prussiennes ; ennemi implacable des Français.

troupes qui combattent sous les yeux de leur roi. avec la résolution de se frayer un passage à tout prix, attaquent nos lignes avec une impétuosité irrésistible. Six heures durant, les vingt-six mille hommes de Davout ont à repousser les attaques réitérées d'une armée trois fois supérieure en nombre.

Une masse énorme de 10.000 cavaliers pousse contre eux des charges désespérées. Rien ne peut ébranler les braves du 3e corps ni forcer leurs positions. Le roi de Prusse, lui-même, excite ses soldats par sa présence avec eux au plus fort du combat et, pour nous servir d'une expression employée à cette occasion, « il prodigue sa vie, comme un simple grenadier. » Le duc de Brunswick, le maréchal de Mollendorf, le général Schmettau sont blessés mortellement. De notre côté, les pertes sont grandes aussi. Le maréchal, impassible au milieu de la tourmente de fer qui s'abat autour de lui, a son chapeau enlevé par un biscaïen. Enfin, le roi Frédéric-Guillaume voyant tous ses efforts inutiles ordonne la retraite, après avoir perdu près de 10.000 hommes tués ou blessés et 3.000 prisonniers. Les débris de son armée se croisèrent, en se retirant, avec ceux de l'armée du prince de Hohenlohe que Napoléon venait de battre à Iéna, dans le même temps.

Quand l'Empereur apprit la lutte disproportionnée de Davout à Auerstaëdt, il ne put y croire, s'imaginant avoir supporté lui-même, à Iéna, tout le gros de l'armée prussienne. « Votre maréchal, dit-il à l'aide de camp qui lui apporta la nouvelle, votre maréchal, qui prétend qu'il n'y voit pas (Davout était myope), y a vu triple. » Napoléon avait bien entendu le canon du 3e corps, mais il croyait celui-ci réuni au corps de Bernadotte et n'avait par conséquent aucune crainte de ce côté; d'ailleurs, il était convaincu que Davout n'avait eu affaire qu'à une faible partie de l'armée ennemie.

Mais, quand il sut les détails de la journée, quand il apprit la conduite inqualifiable du futur roi de Suède et la lutte héroïque de Davout et de ses troupes, son admiration pour ces braves ne connut plus de bornes. Il envoya Duroc dire à Davout : « Vos soldats et vous, monsieur le maréchal, avez acquis des droits éternels à ma reconnaissance. » Puis il voulut voir, par ses yeux, le champ de bataille et adresser ses félicitations au 3e corps sur les lieux mêmes de ses exploits. Le maréchal Davout fut fait duc d'Auerstaëdt. En parlant de cette lutte héroïque, l'Empereur disait plus tard : « C'est la plus belle journée de guerre que je connaisse. »

Davout poursuivit ses succès contre l'armée prussienne et, en récompense de ses glorieux services, Napoléon voulut qu'il entrât le premier dans Berlin et que ce fût lui qui reçût les clefs de la ville.

De Berlin, Davout marcha sur la Pologne ; après avoir pris Custrin où il fit 4.000 prisonniers et s'empara de 90 canons, il entra à Varsovie le 26 novembre, au milieu des transports enthousiastes des Polonais. En janvier 1807, une armée russo-prussienne, sous les ordres du général Benningsen, s'avançait contre l'armée française, qui avait pris ses quartiers d'hiver en Pologne. Davout lui livra, à Heilsberg, un brillant combat d'arrière-garde, puis, le 7 février suivant, il prit, à la bataille d'Eylau (1), la part la plus brillante. « La victoire, longtemps indécise, dit l'Empereur dans son cinquante-sixième bulletin de la Grande-Armée, fut décidée et gagnée lorsque Davout déboucha sur le plateau et déborda l'ennemi. » Après le traité de Tilsitt (2), Napoléon ayant réparti ses troupes en quatre grands commandements, le 3e corps, avec quelques autres troupes, forma le premier commandement et fut chargé de l'occupation du grand-duché de Varsovie. Davout devait ranimer les débris de la Pologne, afin d'en constituer une province qui aurait été placée sous le protectorat de la Saxe. Dans cette tâche difficile et délicate, le maréchal sut conquérir les plus vives sympathies des Polonais. M. Villemain, dans ses *Souvenirs contemporains*, dit de lui : « Cette soigneuse activité, cette prévoyance universelle

(1) Eylau *(Preussisch-Eylau)*, ville de la Prusse orientale.

(2) Tilsitt, ville de Prusse, sur le Niémen. Il y fut conclu en 1807 un célèbre traité entre la Russie et la Prusse d'une part, et la France de l'autre : c'était au fond un vrai plan de partage de l'Europe continentale entre Napoléon et Alexandre de Russie ; le premier devait avoir tout l'Ouest jusqu'au Niémen, et il cédait le reste au second. La Prusse perdait ses provinces de l'Ouest de l'Elbe et ses provinces polonaises.

qu'il déployait en marche et en campagne, il l'appliqua à la réorganisation et à l'administration des provinces dont il était chargé. » Il resta à Varsovie jusqu'à la fin de 1808.

Plus tard, s'appuyant sur les relations et les sympathies que Davout s'était créées parmi les Polonais, on l'accusa d'avoir projeté de restaurer, à son profit, l'ancien royaume de Pologne et d'avoir caressé le rêve de s'asseoir un jour sur le trône des Jagellons. Il est difficile de dire jusqu'à quel point cette accusation était fondée. M. de Ségur, dans son *Histoire de la campagne de Russie*, est très affirmatif à ce sujet. D'un autre côté, dans sa correspondance avec Napoléon, le maréchal présente, sans cesse, le prince Poniatowski comme le seul candidat possible au trône de Pologne. Enfin, dans une conversation que l'Empereur eut avec la digne compagne de Davout, à son retour de Varsovie, en 1809, Napoléon lui dit : « Eh bien, maréchale, avez-vous désiré être reine de Pologne ? » A quoi elle répondit fièrement : « Je ne désire que ce que désire le maréchal ; et il tient trop à rester Français pour être roi de quelque pays que ce soit. » La réponse était belle à une époque où Napoléon semait ses frères sur tous les trônes de l'Europe et au moment même où Bernadotte venait d'être fait roi de Suède.

Après la conférence d'Erfurth (1), Napoléon

(1) Erfurth, ville de Saxe (32.000 habitants). De 1806 à 1813 elle fut au pouvoir des Français. Il s'y tint en 1808 une

ayant formé l'armée du Rhin, en donna le commandement à Davout qu'il considérait « comme le plus capable de ses maréchaux pour tenir et discipliner une armée. » Celui-ci eut alors sous ses ordres environ 90.000 hommes, avec lesquels il occupa la rive gauche de l'Elbe, profitant de l'hiver de 1808 à 1809 pour exercer ses troupes et opérer la fusion des recrues avec les vieux grenadiers d'Austerlitz et d'Auerstaëdt.

Le maréchal, pendant tout le temps de son occupation en Allemagne, s'appliqua également à pacifier le pays, réprimant sévèrement les abus et les exactions des soldats vis-à-vis des populations, comme les menées des agitateurs allemands contre les Français.

La campagne de 1809 vint arracher Davout à son œuvre de pacification et lui fournir l'occasion de cueillir de nouveaux lauriers sur le champ de bataille. On peut dire, en effet, qu'il est le héros de cette campagne, qui finit à Wagram. D'abord, par de sages et habiles dispositions, il parvient à concentrer ses troupes, à travers mille périls, jusque sous les yeux de l'armée de l'archiduc Charles ; puis c'est à Tengen (19 avril 1809), à Leuchling (28), à Unter, à Ober-Leuchling et à Eckmühl (22), à Ratisbonne (23) et dans vingt autres combats que se distingue le duc d'Auerstaëdt, à la tête de ses trois belles divi-

conférence célèbre (*congrès, entrevue d'Erfurth*) où assistèrent les empereurs Napoléon et Alexandre (de Russie) et les souverains de l'Allemagne, à l'exception du roi de Prusse et de l'empereur d'Autriche.

sions et de quelques autres troupes. A Wagram, Davout, par l'opportunité et la vigueur de son entrée en ligne, décida de la victoire. Napoléon lui conféra le titre de prince d'Eckmühl (1).

Davout rentra alors en France et se rendit à Auxerre. Une de ses premières visites fut pour son ancien maître, le vénérable dom Laporte. En le voyant, le vieux bénédictin s'écria tout ému :

— Eh quoi ! c'est vous, monsieur le maréchal ! c'est vous, prince !

— Ni prince ni maréchal, mon cher maître, mais votre ancien disciple, votre enfant, votre meilleur ami. Vous le voyez, ma première visite est pour vous.

— Ah ! maréchal, je reconnais bien là votre excellent cœur !

Et le bon prêtre pleurait en l'embrassant.

— Mais, poursuivit Davout, je n'ai que peu de temps à passer à Auxerre ; je m'empare de vous, je ne vous quitte pas. Ce soir, je dîne à la préfecture ; je vous emmène.

De pareilles scènes se passent de commentaires. Les raconter suffit; car elles témoignent assez hautement en faveur, et de l'élève qui sait conserver ainsi, au faîte des grandeurs, le souvenir des modestes précepteurs qui ont guidé ses premiers pas dans la vie, et des maîtres qui savent inspirer de pareils souvenirs.

(1) Eckmühl est un village de Bavière que la victoire de Napoléon sur les Autrichiens (22 avril 1809) a rendu à jamais célèbre.

Davout ne fit guère que passer en France. Napoléon, voulant faire exécuter rigoureusement le blocus continental et jugeant toujours « le 3e corps le plus beau, le plus solide et le plus fortement organisé de son armée », lui confia la garde des villes hanséatiques(1): Hambourg, Lubeck et Brême. Davout établit donc son quartier-général dans la première de ces villes, « tandis que ses collègues allaient, au sein de la capitale, jouir des douceurs de la paix et de leur opulence. » Comme toujours, le maréchal s'acquitta de la difficile mission qui lui était confiée, de la façon la plus remarquable. En même temps, l'Empereur qui destinait « l'invincible 3e corps à former la tête du bélier destiné à porter un coup au grand empire du Nord », chargea son chef d'instruire et de discipliner les jeunes soldats que la conscription lui fournissait et qu'il destinait à former la Grande-Armée appelée à agir contre la Russie.

Davout, secondé par les cadres de son magnifique corps d'armée qu'il avait pour ainsi dire formés à son image, accomplit cette nouvelle tâche au prix d'un travail incessant et des efforts les plus assidus. En peu de temps, dit l'historien du Consulat et de l'Empire, « cette machine militaire acquit, sous la main du maréchal, un aspect vraiment formidable. » Tous les

(1) C'étaient les villes qui faisaient partie de la Hanse Teutonique; cette *Hanse* était une *confédération* de plusieurs cités de l'Allemagne et du nord de l'Europe, unies entre elles pour le commerce.

régiments de cavalerie et d'infanterie destinés à former la Grande-Armée passaient ainsi successivement sous ses yeux, pour achever leur instruction et leur organisation.

Enfin la Grande-Armée est constituée et prête à attaquer le colosse du Nord, Davout reçoit le commandement du 1er corps, dans lequel sont versées les vieilles troupes de ses trois immortelles divisions, Morand, Gudin et Friant. Il a sous ses ordres plus de 120.000 hommes.

Le prince d'Eckmühl était peu enthousiamé par l'idée de cette gigantesque expédition. Son caractère profondément observateur et réfléchi, son long séjour sur les frontières de Russie, en Pologne et en Allemagne, son contact continuel avec le soldat qui lui faisait estimer à sa juste valeur ce brillant échafaudage militaire, composé de soldats de toutes les nations, qui s'appelait la Grande-Armée : tout cela lui donnait peu de confiance dans le succès de la campagne. Il eut le courage de faire part de ses réflexions au maître impérieux qui ne voulait point rencontrer de contradicteurs. Mais Napoléon resta sourd à ses paroles de raison et de bon sens. La Grande-Armée se mit en marche et, le 23 juin 1812, Davout, dont le corps d'armée formait l'avant-garde, franchit le Niémen (1) et pénétra sur le territoire moscovite.

(1) Le Niémen ou Memel, fleuve de la Russie occidentale, va tomber en Prusse dans le Curische-Haff (c'est-à-dire *Hâvre de Courlande*, près de la mer Baltique) après un cours d'environ 800 kilomètres.

Suivre Davout dans cette longue et pénible campagne qui aboutit au désastre que chacun sait, nous est impossible à cette place, car le 1er corps, entré le premier en Russie, en sortit le dernier, après avoir pris la part la plus active et la plus brillante à tous les faits de guerre de cette néfaste expédition.

Il faut lire dans la remarquable *Histoire de la campagne de Russie,* écrite par M. de Ségur, le récit des exploits de chaque jour accomplis par le 1er corps, dont l'organisation était complète à tous les points de vue et qui « réalisait dans des proportions plus grandes ce que Végèce a dit de l'ancienne légion romaine. » Cette armée, dit l'historien, « est une colonie à la fois civilisée et nomade. » Les troupes portent dix jours de vivres; « des convois les suivent en portant pour quinze autres jours; des troupeaux, magasins mobiles, confiés à des soldats spéciaux, les accompagnent. Chaque compagnie renferme des nageurs, des maçons, des boulangers, des tailleurs, des armuriers, enfin des ouvriers de toute espèce. Elles portent tout avec elles; vivres et vêtements, tout s'y confectionne en marchant. Des moulins à bras suivent, tous les moyens d'y suppléer sont prêts. »

Après s'être emparé de Wilna, de Minsk où il trouve d'immenses approvisionnements, de Borizow, le premier corps, réduit à 28.000 hommes, arrête à Mohilew 60.000 Russes sous les ordres du général Bagration, en leur tuant ou blessant plus de 4.000 hommes, et pénètre le premier dans Smolensk (1). A la bataille de la Moskova (2), Davout a son cheval tué sous lui et est assez grièvement blessé; un moment même on le croit mort.

A Moscou, Davout, seul avec Daru, s'opposa, dans un conseil de guerre, présidé par Napoléon, à ce que l'on continuât à s'avancer davantage dans le Nord. Mais bientôt les Russes prennent l'offensive, Moscou est abandonné, et le 28 octobre 1812 la retraite, cette terrible retraite de Russie, commence. Davout, qui formait l'avant-garde de la Grande-Armée, reçoit la lourde tâche d'en protéger la marche en retraite.

Du 26 octobre au 3 novembre, le 1er corps resta à l'arrière-garde, harcelé sans cesse par l'ennemi. Le 3 novembre il était réduit de plus de la moitié de son effectif et l'Empereur se décida à le remplacer par le corps du maréchal Ney. Mais, le 17, le corps de Ney ayant été complètement détruit, Davout reprit le pénible service de l'arrière-garde et le conserva jusqu'à l'arrivée sur le Niémen, le 9 décembre. De 80.000 hommes avec lesquels le 1er corps avait franchi le fleuve, quatre mois auparavant, 3 ou 4.000 à peine restaient encore !

En présence de cet immense désastre, l'Allemagne commençait à s'agiter ; Davout reçut

(1) 17 août 1812.
(2) 7 septembre 1812.

l'ordre de retourner à Hambourg (1) où l'exaltation des esprits était très grande, et d'agir avec la dernière sévérité contre les agitateurs. Au lieu d'exécuter les mesures extrêmes prescrites par Napoléon, le maréchal usa, au contraire, de mesures de clémence qui amenèrent immédiatement le succès de sa mission.

Mais une autre tâche allait incomber au prince d'Eckmühl. Les armées alliées ayant poursuivi l'armée française, Hambourg se trouva bientôt complètement isolé et réduit à ses propres ressources. Davout organisa activement la défense de la place et exécuta même plusieurs opérations heureuses jusque dans le Mecklembourg. Mais Bernadotte s'avançant contre lui avec 80.000 Russes, Suédois et Allemands, il dut rentrer dans Hambourg qu'il résolut de défendre jusqu'à la dernière extrémité.

Le blocus dura huit mois, pendant lesquels « il se maintint dans une formidable attitude, assailli par les armées russes et allemandes, sans recevoir ni un ordre ni une nouvelle de la France. » En vain, le général Benningsen, qui commandait les troupes assiégeantes, en lui annonçant la restauration des Bourbons, le somma de rendre la place. Davout répondit par l'article du règle-

(1) Charlemagne jeta, en 808, les fondements de Hambourg (ville libre d'Allemagne, sur la rive droite de l'Elbe, 165.000 hab.). Au XIIe siècle, elle était déjà une place de commerce importante; au XIIIe, elle forma, avec plusieurs autres villes. la célèbre *ligue hanséatique*. Elle appartint à la France de de 1806 à 1814.

ment sur le service des places qui défend aux commandants militaires de croire aux bruits répandus par l'ennemi.

En vain, le général russe fit exécuter une attaque au nom des Bourbons, avec le drapeau blanc. Davout fit tirer sur le drapeau blanc comme sur le drapeau russe.

Enfin un membre de sa famille, muni de communications officielles du gouvernement français, étant arrivé à Hambourg, le maréchal réunit ses soldats, leur annonça la restauration des Bourbons(1), leur fit prendre la cocarde blanche, mais déclara qu'il ne rendrait la place que sur un ordre de Louis XVIII. Cet ordre lui ayant été donné il rentra en France avec 30.000 hommes, 5.000 chevaux et un matériel considérable.

A son retour, Davout reçut l'ordre de se retirer à Savigny-sur-Orge. Calomnié auprès du Roi, auprès de qui notamment on exploitait l'ordre qu'il avait donné de tirer sur le drapeau blanc à Hambourg, il se décida, sur le conseil de ses compagnons d'armes, à adresser à Louis XVIII un mémoire justificatif de sa conduite.

Trois chefs d'accusation pesaient sur lui. On lui reprochait : 1° d'avoir fait tirer sur le drapeau blanc, après avoir eu connaissance certaine du rétablissement des Bourbons ; 2° d'avoir fait

(1) Appelé au trône par le Sénat sous la pression de l'étranger, après la chute de Napoléon, Louis XVIII (frère de Louis XVI, né en 1735) rentra en France (il habitait Hartwell, en Angleterre, depuis 1811), le 24 avril 1814.

enlever les fonds de la banque de Hambourg; 3° d'avoir commis certains actes arbitraires qui tendaient à rendre odieux le nom français.

Davout n'eut pas de peine à se justifier auprès du Roi de ces mensongères accusations. « J'ai pu, dit-il, dans les grands commandements dont j'ai été chargé, froisser des intérêts particuliers; mais jamais de mon fait ni de mon propre mouvement je n'ai rendu odieux le nom français. Dans les circonstances difficiles où je me suis trouvé, j'ai toujours eu pour guide l'honneur de la patrie et l'intérêt de l'armée. J'ai été sévère, il est vrai, mais d'une sévérité de paroles qu'il entrait dans mon caractère d'affecter dans les pays où j'ai commandé, et dont j'ai laissé croître le bruit, bien loin de chercher à le détruire, pour m'épargner la pénible obligation de faire des exemples. »

Puis, il justifie l'enlèvement des fonds de la banque de Hambourg au moyen de documents authentiques, en ajoutant : « Toutes les règles de la comptabilité ont été rigoureusement observées et la commission des finances est prête à justifier de l'emploi des sommes et valeurs saisies » pour subvenir aux besoins de l'armée.

Enfin, au sujet de l'accusation d'avoir fait tirer sur le drapeau blanc, il dit : « Une seule goutte de sang français répandue avec la certitude qu'un changement de gouvernement en France la rendait inutile, serait sans doute un crime dont l'idée seule me révolte. »

Aux Cent-Jours (1), Davout qui n'avait point, comme tant d'autres, donné le spectacle de ces revirements scandaleux dont cette époque foisonne, Davout fut des premiers à se rendre auprès de Napoléon, qui lui confia, avec le ministère de la guerre, l'organisation des armées avec lesquelles il voulait tenir tête de nouveau à l'Europe entière.

Après Waterloo et l'abdication de l'Empereur (2), le maréchal fut nommé généralissime de l'armée de Paris, et, quoi qu'il en coûtât à son cœur de soldat fidèle à celui dont il avait été si longtemps le compagnon d'armes, il prit le parti de se rallier à l'opinion des Chambres, alors seul organe du pays envahi de nouveau par les armées alliées.

Ce fut lui qui décida Napoléon à quitter Paris et à se retirer à la Malmaison (3), sa présence dans la capitale étant le plus grand obstacle à la solution prompte de la crise qui agitait alors la France; puis il traça les conditions qui lui paraissaient nécessaires pour cette solution. « Nous devons proclamer Louis XVIII, dit-il,

(1) C'est la dernière période du règne de Napoléon (20 mars-28 juin 1815).

(2) La bataille de Waterloo fut perdue par Napoléon le 18 juin 1815. Après ce désastre, il rentra en France et s'enferma à l'Élysée-Bourbon, où il abdiqua (22 juin 1815) en faveur de son fils, qui devait prendre le nom de Napoléon II.

(3) La Malmaison (*Mala Domus*), château et terre dépendant de la commune de Rueil (Seine-et-Oise). C'était la résidence favorite de l'impératrice Joséphine, première femme de Napoléon Ier; c'est là qu'elle mourut en 1814.

le prier de faire son entrée dans la capitale sans les troupes étrangères qui n'y doivent jamais mettre le pied. Louis XVIII doit régner avec l'appui de la nation. J'ai vaincu mes préjugés. La plus irrésistible nécessité et la plus entière conviction m'ont déterminé à croire qu'il n'y a plus d'autres moyens de sauver notre patrie. »

Malgré les sages conseils du maréchal, les négociations n'aboutissaient point; l'ennemi était aux portes de Paris; l'avant-garde prussienne avait franchi la Seine à Saint-Germain. Des escarmouches avaient eu lieu dans les bois de Verrières et à Issy.

Enfin, le 3 juillet 1815 une convention fut signée à Saint-Cloud, puis ratifiée le lendemain par le prince d'Eckmühl.

Plus tard, on reprocha la capitulation de Paris au maréchal. Etait-il donc possible de faire autrement? Nous ne le pensons pas et beaucoup d'autres avec nous, qui sont loin de partager sur ce point l'opinion un peu fantaisiste de l'historien des deux Restaurations, M. de Vaulabelle. Drouot lui-même, le sage Drouot (1), n'a-t-il point dit en effet dans cette occasion, « qu'il était cruel de ne pas pouvoir mourir en soldat, mais qu'en citoyen il devait reconnaître que le plus sage était de traiter? »

Davout se retira, avec l'armée, derrière la Loire, emmenant avec lui toute l'artillerie de

(1) Le comte Drouot, général d'artillerie, né à Nancy en 1774, mort en 1847.

campagne qui se trouvait dans Paris, tous les plans de nos places fortes et les trésors du musée d'artillerie; puis, s'adressant à ses soldats, il leur dit en annonçant la soumission faite au Roi en leur nom : « C'est à vous de compléter cette soumission par votre obéissance; arborez la cocarde et le drapeau blancs. Je vous demande, je le sais, un grand sacrifice : nous tenons tous aux trois couleurs depuis vingt-cinq ans; mais ce sacrifice, l'intérêt de la patrie nous le commande. »

Quand sa démission de général en chef eut été acceptée, Davout se retira dans sa propriété de Savigny-sur-Orge (1) où il vécut dans une profonde retraite. En 1817, Louis XVIII lui rendit le bâton de maréchal et la jouissance de ses traitements dont il avait été privé en 1815, après le procès du maréchal Ney; et, le 5 mars 1819, il le fit entrer à la chambre des pairs.

Malheureusement sa santé était fort ébranlée, par suite des longues fatigues qu'il avait endurées pendant plus de vingt ans; et puis la mort d'une fille chérie vint lui porter un coup dont il ne se releva pas. Sept mois durant, il supporta avec une résignation héroïque les souffrances les plus grandes. Quand il sentit la mort approcher, il voulut que la religion adoucît ses derniers moments sur cette terre. « Après avoir vécu en héros, il voulut mourir en chrétien. »

(1) Savigny-sur-Orge (Seine-et-Oise), canton de Longjumeau, sur le chemin de fer d'Orléans.

Le 13 juin 1823, le vainqueur d'Auerstaëdt rendit sa belle âme à Dieu, en disant au prêtre qui l'assistait dans ce moment suprême : « J'ai vécu en honnête homme ; je meurs sans reproche. » Il avait à peine cinquante-trois ans.

Nous n'ajouterons rien à cette courte biographie ; la vie d'un homme comme Davout se raconte; elle ne se commente pas. C'est au lecteur à en tirer les nombreux et puissants enseignements qui s'en dégagent.

La ville d'Auxerre a élevé, il y a une vingtaine d'années, une statue au maréchal Davout ; celle-là, on peut le dire, est de celles que tous les Français sont fiers de voir se dresser sur leurs places publiques.

Cette unanimité est le plus bel éloge qu'on puisse faire du vainqueur d'Auerstaëdt.

FIN

Bar-le-Duc. — Typ. Schorderet et Cie — 480

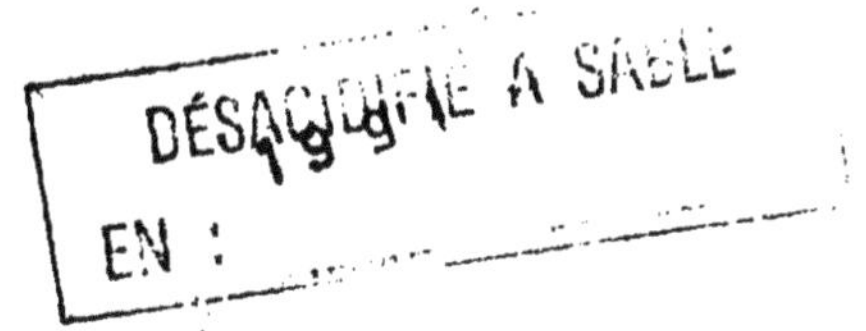

www.ingramcontent.com/pod-product-compliance
Ingram Content Group UK Ltd.
Pitfield, Milton Keynes, MK11 3LW, UK
UKHW022000260726
13994UKWH00004B/1868